김 천 복 시집

이제야 옷이 젖는다

제3의 문학

| 序文 |

살 속에
숨어있는 비밀을
들추다
여기까지 왔다.

문득
불꽃이 시려서
바람이 아파서
아직 철들지 않은 생각을 불러내어

여기에
덜 여문 언어의 옷을 입힌다.

2017년 봄 마중하며
김 천 복

차 례

차 례

차 례

1부

나이에게 묻는다

달빛이 순수한 것은

언제부터인가
어둠과 화해하면서 빛이 살아간다
그림자와
흥정하며
실리가
독점이
보드라운 언어로 포장되고 있다
빛은
파는 것이 아니다
사는 것도 아니다
달빛이 순수한 것은 임자가 없기 때문이다

허공이다

별은 죽었다
누가 빛을 죽였는지
누가 밤을 죽였는지
세상의 절반이 죽는 줄 모르고
하늘의 절반이 죽는 줄 모르고
놈은
밤마다 별을 밟았다
별이 없는 하늘은 허공이다

화석

발품으로 불을 땠다
저자거리에서 연탄불도 피웠으며
눈보라치는 가로등 아래서 고구마도 구웠다
불은 뜨거워야한다고
불은 타야 한다고
아궁이를 울렸던 시간들
언젠가는
불이 되는 날
벽을 뚫고 분출하는 날
이 모습으로
이 가슴으로
화석이
되고
싶다

호박국

네가 안쓰러워 호박을 잡았다
어느 역에서 막차를 타고 왔는지
흙 묻은 구두를 털지 못하고
내안의
너를
차마 깨울 수가 없어서
몸뚱이가
군불만 때고 있다
솥이
미안해서
울었다

그냥 울었다

바짓가랑이가 안쓰러워서 울었고
연탄가루 분칠한 아내가 예뻐서도 울었다
알밤을 줍다가 찔려서 웃었고
홍시가 떨어지면 아까워서 울었고
상갓집에서는 내 설움에 내가 울었다
국화가 서리 맞은 밤엔 미안해서 울었고
미운 놈 차다가 돌부리가 아파서 울었다
하나는 웃었고
아홉은 울었다

요리사

손맛의 차이가 아니다
누룩의 차이도 아니다
소금의 차이도 아니다
조미의 차이도 아니다
재료의 차이도 아니다
맛은
칼의 길이에 있다
맛은
닳아진 만큼의 시간이다
모자하나 썼다고 요리사가 아니다
달빛을 내려야
비로소
음식이
된다

마음한테 물어봐

저녁이면 동거하다
아침이면 별거하니
몸은 주방에서
맘은 콩밭에서
혼자서 볶다가
둘이서 볶다가
둘이서 씻다가
혼자서 씻다가
갈팡질팡
마음이 외출증을 끊었다

당신의 사진과 밤을 새웠다

당신은 철야기도 가고
남자는 사진을 품고 잠을 잤다
뜨거움은 예수가 가져가고
손목이 시리다
빈속에다
찬밥 말아 넣을 때
현관문번호
누르는
소리
할
렐
루
야

놈

초저녁부터
구들장을 짊어지고
이리
저리
돌아눕다
술이라도 사오라 내몰았더니
전봇대에다
오줌이나
축내고
서
있
다

음식은 요리사를 닮아 간다

삶아보면 안다
우려보면 안다
끓다보면 안다
불꽃에 나이테가 익었다
마음이 먼저 가 있고
숯불보다 내가 더 뜨거웠다
흔들릴까봐
냉정했지만
아플 때는 같이 울었다
언제부터인가

나를 닮아가고 있었다

나이에게 묻는다

시간이 없어서
자리가 없어서
이유가 많아서
연연해서도 아니다
집착해서도 아니다
답해주어야 할 답이 많아서이다
돌려주어야 할 것이 많아서이다
묻어주어야 할 것이 많아서이다
피워야할 꽃이 남아 있기 때문이다
그리워할 것이 많이 있기 때문이다
아직은
밟지 못한 흙이 더 많기 때문이다

세수를 하다가

씻긴 것은 비누가 아니다
씻긴 것은 손바닥 이었다
김치를 버무린 손이다
김밥을 말았던 손이다
얼굴은 어미가 주지만 낯짝은 내손으로 만들어야한다
이름은 아비가 주지만 이름표는 내손으로 달아야한다
세우는 것도 손이다
무너뜨리는 것도 손이다
손바닥이
세상의
중심이다

술래잡기

숫자에 쫓기다 술래가 되어버린 하루
해한테 쫓기다 그늘에 숨어버린 하루
달빛을 따다가 뒷목이 굳어버린 하루
넓이뛰기 하다가 구덩이에 빠졌다
높이뛰기 하다가 장대가 부러졌다

누룩이 된 하루
사내는 밤새도록 술을 빚었다

술을 태워서

남기고 증발한 눈물은 그리움이 되었다
떠나간 그녀를 쉽게 전송하지 못하고
눈 오는 간이역에서 열병을 앓았다
독설을 뱉으며
위로를 얼버무렸던
그 자리에서
상실의 아픔을 분해하려고
각인된 기억을 해체하려고
술을 태워서
눈물을
굽는다

독설毒舌

사람들은 달을 보고
사람들은 별을 품고 아픔을 치유 한다
독기 오른 팔로 달을 안고
독이 묻은 손가락으로 별을 세던 사내
달이 아프다 해도
별이 아프다 해도 모른 체 했다
사내에게는 달이 뜨지 않았다
사내에게는 별이 뜨지 않았다
독이 오른 입으로
사내는
어둠을 물어뜯었다
밤마다
입술에 베인 상처에서 피가 났다

노래

화음도 갈등도 음이다
팝송도
뽕짝도
오선지에서 저무는데
가사가 휘었다고 음표마저 부러지진 말자
음표가 젖었다고 악보만을 탓하지는 말자
젖지 않은 땅이 어디 있으랴
울지 않는 새가 어디 있으랴

모두가
음(音)
이
다

초로의 언덕에서

오르고 나니
내려가는 길을 모르겠다
문서에는
때 묻은 도장만 총총히 박혀있고
신분증엔
낡은 사진이 부끄럽다
경로우대증을
찾아가라는데
손이
부
끄
럽
다

산수풀이

하나밖에 없는 마음에서 무엇을 뺄까
뼈만 남은 생각에서 무엇을 발라낼까
줄일까
더할까
좁힐까
늘릴까
더하다가 빼고 나니 제자리이다
곱하다가 나누고 나니 본전이다
점수는
빵점이고
책가방만 무겁다

새가 되라

그리우면 새가 되라
미워져도 새가 되라
나뭇가지 하나면 충분하다
날개쭉지 하나면 충분하다
누구나 처음은 가난하다
누구나 시작은 맨몸이다
아파트 평수를 늘려가는 사람은 새를 모른다
마늘밭에다 돈다발 묻은 사람은 새를 모른다
철 따라
제비가 오고가는 까닭은
집이
없는
새이기 때문이다

밤길에 넘어질라

별은 아프다하지 않는다
별은 슬프다하지 않는다
불빛에 길들여지면 달이 보이지 않는다
불빛에 길들여지면 별이 보이지 않는다
빛은 어둠으로 우러난다
빛은 고독해야 익어간다

불을 가까이하려는 자여
불에 기대려는 자여
밤길에
넘어
질라

이제야 옷이 젖는다

조화는 울지 않는다
위선은 젖지 않는다
그날 내 옷은 젖지 않았다
그날 네 꽃도 울지 않았다
꽃잎에다
얼굴 한번 부벼주지 못하고
우산 한 장 씌워주지 못하고
강물에
묻었다

바람이 녹아나고
강물이 불어나니

이제야 꽃잎이 운다
이제야 옷이 젖는다

바리새인

모가지가 부끄러워 외투 속에 숨겼다
마지막차비를 털어 빈속을 채웠다
구인광고를 들추다가
돌아서는
청춘아
어떤 놈들은 무시험으로도 잘만 붙던데
그 흔한 명함 하나 없이
빈주머니 속에도 길이 있다고

그대의 죄목은
바
리
새
인

내일

긍정으로 답을 한다
더 기다리라고만 한다
항상 저만치에서 나를 바라보는
너는
보이지 않으면서도
보이는
살아갈 이유이다
아침마다
거짓말을 하지만
너는
나의
믿음
이
다

외롭다

노을을 주워 담을 수 없어서도 아니다
분질러진 달력이 가여워서도 아니다
닳아진 구두창이 속상해서도 아니다
금실 좋은 옆집 부부 때문도 아니다
앞집 처녀가 시집가서도 아니다

내 그림자를 내가 밟으니
아파서 외롭다

너의 그림자까지 지고 가니
가벼워서
외롭다

바람을 잡으려다

잡으려고 그물을 쳤다
빠져가고 그림자만 걸렸다
속살은 놈이 발라먹고 껍질 속엔 고지서가 가득하다
그물을 거두자니 외상값이 겁나고
그물을 펼치자니 공과금이 두렵고
아내얼굴이 미안하고
자식보기가 창피해서
이판
사판
빈병이라도 잡아보자
물총이라도 쏘아보자

매운탕을 끓이다가

쌓이는 통장속의 잔고에 행복했으리라
맹물로 끼니를 때워도 뿌듯했으리라
지렁이에
붙들려서
냄비 속에 드러누운 잉어의
애지중지 살 오른
속살을
문드러지도록
불꽃이
곡을
한
다

거울을 보다가

마음도 모르게
희어진
머리칼
간절함은 더해 가고
보내기
싫다고
석양의 꼬리를 잡고서
낙조의
노래를
불렀다

퇴근길 거울 속에는
나는 없고
너만 있다

풋 살이라

변함은 마음에 뿌리가 없어서가 아니다
어미가 물이요 아비가 바람이기 때문이다
강의 모태이고 바람이 집시이기 때문이다
허공의 별들의 모태라면 영원은 순간이라
만남도
이별도
오는 것도
가는 것도
물과 흙과 바람의 풋 살이라
밤이 익어가니
살이 오른다

연을 날리며

꼬리야
바람을 탐하지 말라
바람과 사귀지 말라
자유는
바람으로부터 오는 것이 아니다
연을 띄우는 것은 바람이 아니다
꼬리야
네가 종이이기 때문만은 아니다
네가 흔들리는 것은
네가 너무 높이 올라섰기 때문이다
너의 꼬리가 너무나 길기 때문이다
무거운 것이 바람이다
무거운 것이 자유이다

낮은 곳에는 바람이 불지 않았다

광어회

회 한 접시 채우려고 바다를 건너왔느냐
이별주라도 나눴느냐
산호에 찔린 허리 아프다하지 못했는데
접시에 눕혀놓고
아프다하지 말라하니 주린 배가 야속 했겠다
지폐 몇 장 쥐어주고 가는 것은 보시가 아니다
립스틱 바른 입술에 씹혀주는 것은 보시가 아니다
그냥
내어주는 것이 보시이다
비늘
한 번
세우지 못하고 가는 네가
부처이다

가난뱅이

외로움을 채우려고 더 외로워해야했다
그리움을 참으려다 더 그리워해야했다
허상으로 배를 채웠다
미움으로 배를 채웠다
사랑으로 굶주리며
미움으로 허기졌다
날마다
고팠다

누구도 나를 채워주지 않았지만
나 또한 누구를 채워주지 못했다

콩깍지를 태우다가

햇빛을 더 먹어야 하는데 단풍이 먼저 들었다
속살이 차기도전에 아픔이 먼저 들어선 자리
한때는 서로가 목말라했고
바람 치는 날엔 갈대가 아파서 울었다
해질녘 산비탈의 억새가 서러워서 울었다
꽃들이 질 때는 까닭 없이 울었고
가을밤에는 서로의 이름으로 울었다
눈이 오면 눈꽃을 따러 다녔고
비가 오면 강으로 가서 만났다
빈 깍지에다 무엇을 담을까
빈 노트에다 뭐라고 써줄까
달빛을 묻을까
구름을 묻을까
허공이 시리다

거미줄

빈 수레를 끌고 돌아오는 사내
수레의 삐꺽거리는 소리를 감추려고 노래를 불렀다
아이들은 아비의 노랫소리를 헤아릴 줄 모르고
아내만이 남자의 울음소리를 들었다
등불은 밝은데
사내가 어둡다
쓰디쓴 소주가 오늘만큼은 달다
사내가
거미줄 아래서
잠이 든다

눈물

붕어가 울고 있다

바늘이 아파서 우는 게 아니다
손바닥의 굳은살이 아파서
문고리에 땟자국이 서러워
통장 속의 잔고가 아까워서도 아니다
그동안
그동안
비늘 세운 까닭을
몰라서
몰라서 운다

낚시터에서

水心과 水深 사이에다
찌를 세우고
물속에다
잣대를 들이대는 갑(甲)

배고파서
비늘 한 번 세우지 못하고
낚시꾼의 바구니만
채워주는 을(乙)

미끼에게는
죄가 없다

내 술 한 잔 받으시오

○○○씨 – 사과드립니다
부딪히고 사는 것이 세상인줄만 알았습니다
져주고 살면 낙오자가 되는 줄만 알았습니다

○○○호프집사장님 – 외상값을 갚지 못해서 죄송합니다

○○○씨 – 그날 사랑한다는 말은 거짓이 되고 말았습니다

○○○씨 – 독촉해서 죄송해요 돈이 전부인줄만 알았
습니다

○○○부동산사장님 – 집 사줘서 눈 비가림하고 잘 살았
습니다

박씨 – 당신의 이름은 몰라서 그냥 박씨라고 부르겠습니다
이웃사이에 당신의 성만 알았지 이름을 몰라서
죄송합니다

○○○씨 – 사랑해서 미안 합니다

○○○씨 – 미워해서 미안 합니다
더부살이
그래도 행복 했습니다

내 술 한 잔 받으시오

금고 속에 반달을 묻었다

반달의 배를 채우려다 울었던 하루
얼마나 많은 어둠을 먹어야
얼마나 많은 이름을 불러야
만월이 될까
부뚜막에서 달을 굽다가
세척기에다 달을 씻어서
금고 속에다 묻었다
퇴근하는 걸음이

차고도
무겁다

강물이 거꾸로 흐르는 줄 몰랐다

강물이 산으로 가는 줄 몰랐다
강물이 소리가 되는 줄 몰랐다
강물이 분노가 되고
강물이 용서가 되는 줄 몰랐다
때로는 강물도 슬플 때가 있다
때로는 강물도 아플 때가 있다
나룻배를 띄우면
산은 다시 강이 되고
비는 다시 바람 되어
처음으로
처음으로
되돌아가는 줄
몰랐다

고요

모두들 보이는 것에만 집착할 때도
아무나 소리를 지르지 못했을 때도
강물과 얼음 사이에 갇혀있을 때도
파도와 바람 사이에 묶여있을 때도
순실이가 세상과 눈이 맞아
순실이가 세상을 흔들 때도
보고
있
었
다

태풍의 눈이다

그리움

등 푸른 생선을 좋아한 순이는
함박눈이 퍼붓던 날
동해바다 어느 수산 집으로 시집을 갔다
그 후로
눈발이 치고 고등어가 살이 오르면
사내는 낚시를 메고 포구로 갔다
그녀의 집이 보이는 곳에
자리를 잡고
온 종일
미끼만
던지고
있었다

고등어를 찾아서

고등어가 그리워서 운다
어머니의 세월이 시려서 운다
그 겨울은 추웠었지만 부정(父情)으로 따뜻했다
아직껏
　　고등어가 왔던 길을 모른다
　　고등어가 사는 바다를 모른다
　　고등어가 싼 것은 바다이기 때문이다
　　고등어가 싼 것은 애비이기 때문이다
오늘은
사내가 고등어를 찾아서 시장을 배회하고 있다

포장마차에서

해와 술과 혀가 춤을 추었다

추다가 셋이서 울었다

그날 금고 속에는 달이 뜨지 않았다

개암사

바람이 울린 것이 아니다
부처가 흔들었다
바람소리는 들으면서
목탁소리는 듣지 못하는 자가
금가루 속에 가려진 얼굴을 묻고 있다
하늘은 알지 못하는 자가
종소리 듣지 못하는 자가
절간에서 끼니를 걱정하는 자가

불심을
알
까

甲子에

북은 누굴 위해 울었고 북을 울린 것은 무엇이었나
제 소리 한 번 지르지 못한 울림이었나
문지방이 닳도록 길을 냈다
날마다 해를 잡아먹고
달마다 달을 서산에 묻었다
삼십년은 죽었고 삼십년은 묻었다
머리칼은 육십 번을 해갈이 하고
마음은 수만 번 물갈이 했다
기개(氣槪)는 녹슬고
패기는 오기로
늙은 감나무처럼 한 겨울 눈발에 맞서고 섰다
바람이 나를 들추고 간다

시인

하늘로 길을 내니
언어로 밥을 짓고
군불로 살을 지지면서
꽃밭에다 배를 띄우니
바다에는 연잎이 뜬다
바람꽃을 따서
노래를 엮으니
가난한
가슴에
술잔이
익는다

2부

껍질은 속을 닮아갔다

마음엔 교과서가 없다

나에게 사랑받지 못하면서 너에게서 사랑받으려 했다
나를 사랑하지 못하면서 너를 사랑한다고 말했다
나를 믿지 못하면서 네가 나를 믿어주길 바랬다
　　소망할 줄 모르면서 기도하라고 했다
　　질책하지 않으면서 세상을 나무랬다
　　용서하지 못하면서 품으라고 했다
　　보내지 못하면서 자유 하라 했다

마음엔 교과서가 없다

초밥의 노래

식초와의 불편한 동거도
당신을 위해 마다하지 않았습니다
바다 옷을 입고
앙증맞은 허리로
당신을 마중하고 싶었습니다
당신의 입술에서
춤을 추다
녹아내려도
달콤한 아픔으로
새콤한 이름으로
오래
오래
기억되고 싶습니다

남도 기행

아래로
아래로
태생의 속살을 더듬으며 내려갔다
갈림길 사이로 밤꽃향이 진하다
숲이 우거진 둔덕 아래로
옹달샘이 솟고
들춰보니 바다가 보인다
언제나
마르지 않는 고향
밤이면
배를 부르는 항구
고동이
운다

억새밭에서

나는 바람을 가장 사랑 했습니다
나는 당신을 가장 사랑 했습니다
억새의 은빛머릿결이 바람에 부대끼는데
당신에게 다가가지 못하는 내 모습 같습니다
간절한 것이 은색인 줄 몰랐습니다
깊숙한 것이 은빛인 줄 몰랐습니다
꿋꿋한 것이 억새인 줄 몰랐습니다
서로의 바람을 짊어지고 살면서도
삶이라는 질곡에 빠져
꿈이라는 강물에 빠져
허우적이다보니
채우려다가보니
내 안의 나에게
투명한 옷이라도 한 벌 사주고 싶습니다

어느 여인에게

꽃잎은 그렸지만
꽃심은 그릴 수가 없었습니다
아무나 그릴 수 있는 꽃이 아니라
아무데서나 피는 꽃도 아니라서
밤새도록
먹물만
갈
았
습
니
다

달맞이 꽃

달이 오는지
꽃이 가는지
네가 오는지
내가 가는지
꽃도
나도
기다림부터 배운 탓에
가슴에다
술을
붓고
산다

껍질은 속을 닮아 갔다

입술이 고개를 젓는다
자기는 그저 모양만 빌려주었을 뿐이라고
미소를 지은 것은 따로 있다고
때로는
훔쳐다 웃은 날도 있었다
때로는
눈물을 빨아주던 날도 있었다
속은 추해도 겉은 새 옷을 입혔다
속은 젖어도 겉은 말려서 입혔다
웃고
울고
살다보니
껍질은 속을 닮아 갔다

내 것이 아니었으니까

누가 술을 붓는다면 젖어버리고 싶다
이미 내속을 알고 있으니까
누가 불을 댕긴다면 속옷까지 태워버리고 싶다
내속을 알고 있으니까
누가 울고 있다면 손수건이 되어주고 싶다
나도 한때는 눈물이었으니까
누가 가자고 하면 그냥 따라 가고 싶다
누가 달라고 하면 그냥 주고 싶다
마음이란
처음부터 내 것이 아니었으니까

숙아

해를 잡고
달을 잡고
바람을 분질러도 너의 반백이 아프기만 하다
덧셈 때문에
곱셈 때문에
너의 머리에 꽃이 피는 줄 몰랐다
나의 입술에 독이 오른 줄 몰랐다
몰랐다
몰랐다

너를 업고 가야하는데
발목이
아프다

수박

오
롯
이
둥그런 삶만 고집하던
그녀의
옷고름 속에서
우주가 익어간다

잔디밭에서

이유 없이 피는 꽃도 없고
까닭 없이 지는 꽃도 없다
혼자 부는 바람도 없고 혼자 우는 파도도 없다
더불어서 피고 무리지어 사는 세상
나무는 혼자살 수 없어서 숲을 이루고
바다는 외로워서 강을 끌어안고 산다
혼자라서 외로운 것만은 아니다
살결을 맞댈 곳이 없어 외롭다
잔디는
세상을 알고 있다

항구

삶이 아프다할 때도 부두는 의자하나 내어주지 않았다
삶이 고프다할 때도 부두는 국한사발 내어주지 않았다
삶이 시리다할 때도 부두는 옷 한 벌 입혀주지 않았다
손을 녹이면서
불을 지피면서
술사발에 풀어지다
술그릇에 엎어지고
불렀던
노래는
바다로 갔다

화산

용암이 감춘 것은 분노가 아니었다
용암이 숨긴 것은 절제가 아니었다
울컥
한 번
질러보고 싶어서 천년을 울었다
그토록 뜨거운 해를 삼켜야했다
그토록 차가운 달을 안아야했다
극과 극이 부딪혀야 불이 탄다고
밤마다
살을 태워서 땅속에 묻었다
화산도
달구어지기까지는
홀로
타야 했다

초심初心

지도 속에도 없다
금고 속에도 없다
달력 속에도 없다
빵집에 있을까
술집에 있을까
내가 너의 눈치를 볼 때까지만 해도 같이 있었는데
네가 나를 증오할 때까지만 해도 같이 살았었는데
세상맛을 알던 날
색안경을 끼던 날
너는
그날 죽었다

폭포

폭포는 온몸으로 말하고 있었다
소통하지 않으면 소리일 뿐이다
들어주지 않으면 울림일 뿐이다
무엇이 분노케 했나
무엇이 아프게 했나
지난겨울이 추웠으리라
모진 얼음이 미웠으리라
그렇다면
굳이
, 어가라고 붙잡지 않겠다
가슴이! 하지만 어디로 가느냐고 ? 않겠다
바다가. 행선지인지 ? 않겠다
누구에게나
아픔엔 =가 있기 때문이다

붓 한 자루 세우더니

맨발로 얼음사막을 건너보지 않았다면
고드름으로 속살을 지져보지 못했다면
붓이 가는 길을 캐묻지 말라고
나이로 끼니를 때우며
붓 한 자루 세우더니
어젯밤엔
당신의 달을
누구에게 묻었습니까

봄이 아니다

봄이 아니다
봄이 아니다
눈빛을 나눌 사람이 없어서가 아니다
달빛을 나눌 술잔이 없어서도 아니다

꽃봉오리 터트려줄
바람이 없어서
아직은
그냥
봄
이
다

밤이 뭔지도 모르면서

혼자 살면 방이지만 같이 살면 집이다
혼자 피면 꽃이지만 같이 피면 집이다
혼자 가면 물이지만 같이 가면 강이다
같이 핀다는 것은
함께 간다는 것은 아름답다
달밤에 가슴 저리는 것은 혼자 보기 때문이다
별빛이 차게 보이는 것은 멀리 있기 때문이다
밤이 뭔지도 모르면서
구들장부터 달구는
사람아

곡이라

직선이 굽어지니 곡이라
절망을 넘어서니 곡이라
갈등도 풀고나니 곡이라

미움이
춤을 추게 하리니
꽃을 피게 하리니

노래하자
노래하자

삶이 곡(曲)이라
삶이 음(音)이라

꽃샘추위

나물 캐는 처녀는
옷고름도 풀지 않았는데
치마부터
들추는 바람

치마폭엔
햇살이 익지 않았는데
물이 오르지 않았는데
섣부른
손짓이

고추보다
맵
다

물을 먹었다

나를 몰라 물을 먹고
나를 알아서 물을 먹고
봉숭아는 손톱에다 물을 먹였다
물을 먹다
물을 먹다
물이 들고
물이 들면
아비는 술병에다 물을 먹이고
아들은
이력서로
물을
먹었다

노을빛이

옛날에
옛날에
떠나간
당신의 뒷모습 같소

나

내가 아닌 내가
네가 좋아하는 나를 만들어주었건만
너는
내안에 들어앉아
세끼 밥으로
나를 사육한다
더 이상은 너의 가축이 되고 싶지 않다
더 이상은 너의 포로가 되고 싶지 않다

꽃망울

속살을 보이려 말라
함부로 웃으려 말라
지는 고통을 모르고
개화를
꿈꾸는
자여
화려한 만큼
아픔이 있는 것이
꽃
이
다

눈꽃이 피는데

눈꽃 따러간
눈시울은
잊었는지
잊혔는지
창문밖엔 눈꽃 피는데
창문밖엔 눈꽃 피는데
술 담그다
차 우리다
사내의 머리에도
꽃이
핀
다

꽃 속에는

꽃 속으로 별을 따라갔다
꽃 속으로 달을 따라갔다
꽃 속으로 꿀을 따라갔다
꽃 속에는 별이 없었다
꽃 속에는 달도 없었다
꽃 속에는 꿀도 없었다

피어버린
꽃 속에는 아무 것도 없다

곶감

쓰지는 않았다
짜지도 않았다
더 다가가지 못해서
더 주지 못해서
미안해서 부부이라
측은해서 부부이라

세월이
묵으니
서로가
달구나

입술

너를 만나기전엔 술이 쓴 줄만 알았다
너를 만나고서 술이 달콤한 줄 알았다
내 입 속에다
감성을 물려주고 간 후
그냥 흔한 술이 아니란 것을 알았다
안에다
안에다
언어의 알갱이를 새기고 간 날부터
입술은
소리로
노래를
불렀다

3부

담장에도 길이 있다

별이 뜬다

바람이 불지 않는다
사과는 익지 않는다
시간에서 추억을 빼면 시계는 돌지 않는다
공간에서 햇빛을 빼면 세상은 멈춰 버린다
나를 빼면 아무것도 없다
너를 빼도 아무것도 없다
시(時)와 공(空)이 만나면
그래서
별이 뜬다

출근

장독 속에 달을 꺼내 맛을 본다
계수나무가 없다
하늘냄새도 없다
아버지의 장맛이 아니다
아버지의 장색은 묵은 달빛 이었다
메주를 바꾸고
간장을 바꿔도
비결을 몰라서
다시 저자거리로 달을 따러 간다

풍금소리

누르면 너의 소리가 되었다
밟히면 나의 노래가 되었다
몸으로 가사를 쓰고
몸으로 작곡을 했다
오르락
내리락
악보 없이 질렀다
음표 없이 불렀다
오늘도
누가 건반을 밟고 간다

아프다
누구요

덤인 줄 몰랐습니다

필 때는 몰랐습니다
질 때야 덤인 줄 알았습니다
달빛도
바람도
낙엽도
국화도
가을도
술잔도
웃음도
눈물도
딸도
아들도 덤이었지만
그러나
최고의 덤은 당신 이었습니다

황소

황소가 우는 것은
멍에가 아파서도 아니다
다리가 아파서도 아니다
못 다한 말이 많아서도 아니다
못 걸은 길이 많아서도 아니다
군살배긴 살점을
푸줏간에
묻으려니
그
냥
운
다

지우고도

바람 불면 길이 나듯이
꽃이 피면 눈물 나듯이
그냥 두면 되는지
지우고도 편치 않음은 덜 지운 탓일까
보내고도 울지 않음은 덜 미운 탓일까
얼마나 많은 밤을 보내야
얼마나 많은 길을 걸어야
너의 문신을 지울 수 있을까
닳아진 구두창이 미안해서
닳아진 지우개가 안쓰러워
오늘밤도
소주병을 달래고 있다

직선의 끝은 휘어진다

어제와 별다른 날이 아닌데
오늘 만큼은 특별한 날이 되라 한다
되돌아보니 하루하루가 언제나 특별했다
막걸리 심부름 갔다 오다가 무릎이 깨졌던 날
아버지 꾸중이 무서워서 어린소년은 훌쩍거렸다
가시밭에서 넘어지던 날에는 어머니가 더 아팠다
홀로 잠이 든 아내의 이불 속이 얼음장보다 시렸다
아이들 성적 올린다고 회초리 들던 날엔 내가 더 아팠다
어머니의 굽은 등을 보니 내가 업혔던 자국이 더 아프다
직선의 끝은 굽어진다

존재의 이유

울지 못한 것은
울지 않은 것은
그것이 존재의 몸짓이기 때문이다
바람은 존재감 때문에 세상을 흔들고
썰물은 상실감 때문에 밤이면 울고 간다
물은 흐름으로써 소리를 내고
수탉은 홰를 치면서 존재를 드러내는데
아들로 살지 못해서
아비로 살지 못해서
허리 한 번 펴지 못했다

존재를 묻지 말라
몰라야 산다

자화상

장사꾼이라는 소리 듣지 않으려고
표정관리해도
자꾸만
덧바른 분칠이 벗겨집니다
부끄러워 고개 숙여도
백발(白髮)이 나를 감추지 못 했습니다
오늘도
거울에게 들키고 말았습니다

아버지의 얼굴

달빛을 지우니 어둡다
바람을 지우니 묶인다
강물을 지우니 둑이 막는다
나무를 지우니 숲이 죽었다
지우다보니 내가 없다
지우다보면 너도 없다
지우다보면 다시 달이 뜬다
지우다보면 다시 별이 뜬다
지우다보면 다시 산이 온다
지우다보면
지우다보면 아버지의 얼굴이 보인다

이름표가

안쓰러워서 천 갈이라도 해주고 싶다
비단으로 할까
가죽으로 할까
어릴 적 까까머리 초롱박으로 할까
지갑 속에 만 원 권으로 할까
외상으로 할까
현금으로 낼까
가난한 주머니가 미안해서
만지작거리다가
낡은 이름표를
다시 달고
출근 한다

인연

만남도
헤어짐도 내가 하지 않았다
남남인 듯해도 더불어 살아가고
서로를 읽지 못 한다 해도
서로가 되어주니
기차를 타고
계단을 오르내리며
명함을 돌리고
잔을 나누니
이 모두가
인연
이
라

아내는

바람이 언어가 된 날이 있었기에
구름이 눈물이 된 날이 있었기에
꽃 져야 잎이 핀다고
잎 져야 철이 든다고
가슴이 항아리가 되어
살결을 따서
치마폭에
술을
내리고
살
았
다

바람은 풀잎을 비껴간다

보이지 않아도 보이는 것이 바람이라
비어있는 듯해도 허공이 아니다
고요 속에 숨어있지만 실세가 세상을 흔든다
치마가 바람을 일으킬 때도 있지만
주머니 속에서도 태풍이 칠 때가 있다
바람은 깃발은 꺾지만 갈대는 밟지 않는다
바람은 높은 나무는 울리지만 풀잎은 비껴간다
바람은 땡감을 떨어뜨릴지라도 꽃잎은 돌아간다
바람은 배를 띄우기도하지만 배를 뒤엎기도 한다
세상은
두
얼
굴
이
다

찹쌀떡 사려

빌딩숲을 오르내리는 당신의 두 다리가 있어
둑과 둑 사이로 강을 흐르게 한다
돌보다 무거운 것을 짊어지고
거친 물살을 거스르는
당신의 이름은
누
구
의
아비인가

찹쌀떡 사려
메밀묵 사려

탕수를 만들다가

탕수를 만들다가 눈물이 납니다
사는 것이 삶인 줄만 알고 주머니한번 열어보지 못한
가장(家長)의 세월이 있었기에
우리가 씨앗을 심고 낙엽을 쓸 줄 알았습니다
가시는 길에 노잣돈 한 닢 올리지 못했는데
문안 한 번 드리지 못했는데
지금쯤 어느 바람모퉁이를 돌아가시는지
옷은 헐지 않았나요
신은 닳지 않았나요
아버지
아버지

고향에서
– 아내에게

새벽닭이 울고 있습니다

사람도
처음은
울음부터 배웠습니다
그래서
그래서
당신을 울렸습니다
그러나
그러나
당신은
언제나
웃어주었습니다

다시 산을 오른다

숯을 구워
허벅지를 태우다보면
그리움이 살이 되는 밤
미워하고
깎아내고
도려내도
줄어들지 않는 부피
지우다
묻다가
찾다가
장작을 지고
다시
산을 오른다

늪에서

산길을 내다가
물길을 쫓다가
돌아서 누우면
산은 더 높고
강은 다시 술래가 된다
어디가 시작인지
어디가 매듭인지
무엇이 문제인지
무엇이 정답인지
불경기에 처방전은 없고 약국은 멀고
술래야
술래야
꼭꼭 숨어라
머리카락 보일라

담장에도 길이 있다

호박아
넉넉해서 너에게 터를 내어준 게 아니야
길이 나야 세상으로 갈 수 있기 때문이야
자투리땅에 살림 부치게 해서 미안해
가난해도 다들 살아가잖아
흔들려도 다들 살아가잖아
호박이 익으려면 볕을 더 먹어야하니까
서리가 내리려면 밤이 더 길어야하니까
바람을 등에 지고
달밤에 걷다 보면
담장에도
길이
난다

누구의 그리움이 되어야

그 어깨가 산인 줄 몰랐다
내 이름인 줄도 몰랐다
그 산이
다른 산의 뿌리가 되는 줄도 몰랐다
나는 산이 아니었다
그 산에 얹혀있는 작은 언덕 이었다
눈물이 말라야 산이 된다고
누구의 그리움이 되어야 산이 된다고
강물을 통해서 산은 운다고
겨울이 지나야
강물이 불어난다고
울어야
울어서
그리움이 되어야

눈꽃이 진다

작년 이맘때의 약속이
시침과 분침 사이에서 꽃으로 진다
함박눈 퍼붓는 간이역에서
끊어진 막차를 기다리다가
잊혀 진 이름을 부르다가
승차권을 만져보니
세모(歲暮)이다
오늘 밤에도
이불 속엔
눈꽃이
진다

우심憂心

삽이 닳도록 물길을 냈다
자리끼 한 사발쯤은 이웃과 나누고 살겠다고
삽자루를 잡았건만
모질고 모진 것이 내안의 가뭄이라
밤낮으로
들이켜도
채워지지 않는 목마름
강으로
바다로
보내지 못하고
내안에다
물대기를 하고 있는
우
심

소금꽃

진서리 염전에 소금꽃이 피는 봄이면
석포리 들판에 갈대꽃이 지던 밤이면
당신의 헛기침이
그날의 헛웃음이
물구나무서기인 줄 몰랐습니다
허공에 발을 딛고 살다 가신 줄 몰랐습니다
갯벌에다 피우는
소금꽃이
간이 되는 줄을 몰랐습니다

사람이다

통장 속에 빠진
달을
건지지는 못했어도
얼음 속에다 살을 묻어 보았으니
베개 속에다 군불을 지펴보았으니
섣달그믐밤에 혼자 길을 걸어보았으니
빈 달구지를
몰아본
사람이다

뒷모습을 더 사랑하는 사람이다

소슬바람에

잠자리는 풀잎에게 석양을 묻고
담장에선 호박들이 이별을 한다
바람을 줍다가
햇빛이
시려서
사람이 더 그리워지는 계절
문득
달력에다
밑줄을 긋고
누군가를 불렀다

아비의 무게

등에 업혀 바라본 하늘과
등에 업고 바라본 하늘이
다른 것은
세월의 부피 때문이 아니다
바람소리에
진눈개비에
어깨로 파고드는
공허의
무
게

감나무 끝에 매달린 홍시이라

바람소리

무엇으로 우는가
바람은 숲으로 운다
바람이 언어가 되고 언어가 나무가 되어 운다
강을 건너야 소리를 낸다
비를 맞아야 소리가 된다
귀를 막아야 바람의 언어를 들을 수 있다
눈을 감아야 바람의 소리를 들을 수 있다
소리는 썰물이 빠질 때 보인다
소리는 목련이 질 때야 보인다
혼자지만
아무나 바람이 아니다
울어야 소리가 나온다

부부이다

하늘이 울 때는 연사흘 비가 내렸어도
바람이 울 때는 나무가 대신 울었어도
바다가 울 때는 파도가 곡을 했었지만
몰랐다
명주실을 토해내는 누에의 고통이
보드라운 비단을 만든다는 사실도
잊혔다
함께 살면서도
잊고
사는
사람들이
부부
이
다

빈 달구지만 끌다 왔소

빈 영수증만 챙겨 왔소
빈 달구지만 끌다 왔소
새우젓이 소금을 먹고 익듯이
목련꽃이 눈꽃을 먹고 피듯이
천천히 살아가자 해도
느리게 익어가자 해도
내 안의 그대는
그저
달리라
달리라
한다

묵호항에서

새벽갈매기가 칼바람을 찢고 있다
흔한 물고기 몇 마리가 생계인 줄 몰랐다
알이 아닌 눈물을 품는 것이 길이다
주름살을 먹다가
자존심을 삼키고
자기이름과 싸우다가
남의이름과 싸우다가
머리털이 빠지면
그때야
비로소
새가
된다

길

오르막이 길이다
내리막도 길이다
낙오해도 길이다
짜고도 매워야 길이다
길이 아닌 길을 가야 길이다
비가 강이 되니 빗물이 길이다
나무가 휘어지니 바람이 길이다
울어야 길이 난다
새는 울음으로 알을 깨고
석양은 그림자를 눕히면서 길을 낸다
밟아라
밟아라
곡선이 길이다

그대여 가을산에 다녀오셨습니까

소리 한 번 질러보지 못했는데
발길질 한 번 해보지 못했는데
보내야할 강물이 남았습니다
태워야할 불꽃이 남았습니다
아직도 각(角)을 세운 날이 많아서
이제껏 동그라미가 되지 못했는데
덮어주지 못한 이불이
안아주지 못한 언어가 단풍으로 지고 있습니다
돌아보니 모두가 철부지였습니다
바람 이었습니다
내 탓이었습니다

그대여
가을산에 다녀오셨습니까

반쪽을 찾아서

고물상에도 갔다
화장터에도 갔다
흥신소에도 갔다
반쪽을 맞추려 양복점에도 갔다
절반을 채우려 선술집에도 갔다
한 손은 술을 따르고
한 손은 시를 마셨다
반쪽 입술을 포개고
반쪽 가슴을 더듬다
더블 침대에서
반쪽끼리 동거하는
내 안의 나
내 밖의 나

내달리고 있다

철로의 한쪽을 밟고
반쪽은 내안에 딛고
기적이 울어도 세상은 길을 터주지 않았다
가파른 길을 오를 때면 돌아갈까 했지만
너무 멀리 와서 갈 수가 없다
노을빛은 붉은데
신호등도 보지 않고
앞만
앞만
보고
달리고
있다

지금도 피겠지

지금쯤 동백이 피겠지
　　　등불이 피겠지
　　　웃음도 피겠지
지금쯤 그곳에도 눈이 내리겠지
지금쯤 그곳에도 술이 내리겠지
누구는 별을 굽고
누구는 달을 삶다
취하면 골목길을 돌아가겠지
어느 것 하나 익숙하지 않은 것이 없고
누구 한사람
보고 싶지 않은 얼굴이 없어서
고향이라

江의 이정표

강에다
이정표를 세웠다

그 강이 맑은 것은 먹물을 삼켰기 때문이다
그 강이 푸른 것은 청보리가 익어가기 때문이다
그 강이 얼지 않는 것은 사막을 건너왔기 때문이다
그 강이 마르지 않는 것은 바다로 길을 냈기 때문이다
그 강이 새벽별이 뜨는 것은 홀로 삭힌 밤이 많아서이다
그 강이 소리 내는 것은 이 둑과 저 둑이 소통하기 때문이다
그 강에 흰색 물고기가 많은 것은 무덤을 먹고 살았기 때문이다

고향 암태도

남쪽바다의 조용한 섬 암태의 내력을 묻는다
봄바람이 대봉산을 돌아오면
남강에선 종선이 뜨고 북강에선 민어가 펄떡거렸다
해당리 뻘뚱에서 짱뚱이가 뛰면 꼭기는 무섭다고 구멍
으로 숨고
달이 지면 구섬 뒷 바닷가에서는 해당화도 졌다
단고리 뒷산 똥바위는 들녘을 지키니
넉넉하지는 않아도 부족하지 않은 곳
징구지 쌩범이네 방앗간이 콩콩 소리를 내면
추포앞바다 노들다리 건너엔 청보리가 익었다
70년대
봇짐하나 들고 떠났던 옛터에 오니
아직도
나이는 열일곱이라

| 拔文 |

심상心想의 모자이크mosaic와 사상思想의 환타지아fantasia

안 익 수 (시인, 한국문인협회 편집위원)

바람을 지고 그네를 타면 마을이 내려다보이고 시야는 하늘로 오른다. 어깨로 언어를 지고 가슴으로 시를 굽는 시인!

김천복 시인의 시와 걷는 이유가 여기에 있다.

새벽은 동산에서부터 오고 종소리는 바람결로 살을 씻는다.

그는 잃어버린 시간을 찾는 것이 아니라 시를 통하여 갇힌 시간을 놓아준다. 텃밭에 구름을 일구어 꽃을 피우며 무지렁이 바람을 꺾어 술을 담근다. 그의 시심은 아랫목에서 은근히 발효되어 아궁이로 익히는 언어가 된다. 분장하지 않은 담백한 맛으로 군침이 돌게 한다. 술병에 담긴 언어의 속살이 활활 탄다. 직선의 언어는 빗줄기로 떨어져 가슴에 물방울이 된다. 그의 시는 그렇게 아침이 오며 창문을 연다.

그의 시와 짧은 여정에 오르자.

시 한 편을 보면 정류장이 보인다.

> 발품으로 불을 땠다
> 저자거리에서 연탄불도 피웠으며
> 눈보라치는 가로등 아래서 고구마도 구웠다
> 불은 뜨거워야한다고
> 불은 타야 한다고

아궁이를 울렸던 시간들
언젠가는
불이 되는 날
벽을 뚫고 분출하는 날
이 모습으로
이 가슴으로
화석이
되고
싶다

〈화석〉 전문

그의 시의 말품은 바람의 넓이를 힘줄로 동여매는 생명에 대한 경외로운 바람의 풍차다. 그 에너지는 삶의 이치에 순응하는 바람개비의 동력으로 배달되어 시가 된다.

결국 그의 시적 울림은 물감들인 언어가 되어 거리로 나서며 바람개비와 인간의 춤을 화답한다. 그가 관조하는 공간은 사물의 작동에서 빚어지는 내면의 비상구이자 미적 항변이다.

다음의 시에서 그 추상의 색채는 더욱 선명하게 부상 한다.

꼬리야
바람을 탐하지 말라
바람과 사귀지 말라
자유는
바람으로부터 오는 것이 아니다
연을 띄우는 것은 바람이 아니다
꼬리야

네가 종이이기 때문만은 아니다
네가 흔들리는 것은
네가 너무 높이 올라섰기 때문이다
너의 꼬리가 너무나 길기 때문이다
무거운 것이 바람이다
무거운 것이 자유이다

낮은 곳에는 바람이 불지 않았다

〈연을 날리며〉 전문

김천복 시인이 추구하고자 하는 시향의 이데아(idea)는 삶의 궤도를 이탈하여 난무하는 고뇌와 갈등의 화친이다. '연을 띄우는 것은 바람이 아니다' 이 말은 곧 일상의 의미로 타작되는 삶의 후렴일 것이다. 인간의 욕망은 시간에 훈수를 두지 않는다. 시인은 갈망한다. 세상살이에 아침의 언어로 판돈을 걸고 알몸으로 달을 품는다. 그러기에 그의 심상의 날개는 굴뚝의 연기를 지나 하늘에 닿아 있다.

다음의 시에서 그 여정이 감지된다.

햇빛을 더 먹어야 하는데 단풍이 먼저 들었다
속살이 차기도전에 아픔이 먼저 들어선 자리
한때는 서로가 목말라했고
바람 치는 날엔 갈대가 아파서 울었다
해질녘 산비탈의 억새가 서러워서 울었다
꽃들이 질 때는 까닭 없이 울었고
가을밤에는 서로의 이름으로 울었다
눈이 오면 눈꽃을 따러 다녔고
비가 오면 강으로 가서 만났다
빈 깍지에다 무엇을 담을까

빈 노트에다 뭐라고 써줄까
달빛을 묻을까
구름을 묻을까
허공이 시리다

〈콩깍지를 태우다가〉 전문

시는 언어를 길들이는 것이 아니다. 그러기에 시는 시상의 사열도 아니고 심상의

심부름꾼도 아니다. 시는 시간의 무게를 마땅히 지고 어깨로 별을 따는 삶의 동업자다. 수레는 끌어야 때로는 밀어야 행동한다. 수레의 갈 길은 수레에 있지 않고 사람에게 있다. 시에서 말하듯이 '서로의 이름으로 울며 빈 깍지에다 무엇을 담을까' 했다.

숲에 여치가 울면 마당에 고추잠자리는 춤을 춘다. 세상에 못마땅한 일들이 줄줄이 줄을 서는 패거리 바퀴가 한창이다. '빈 노트에다 뭐라고 써줄까' 이처럼 시인은 아직 타일러야 할 세상의 안부를 묻는다. 그가 터득한 길은 '구름'에 있으며 '허공'에도 있다.

그의 시심의 길을 조금만 따라가 보자.

반달의 배를 채우려다 울었던 하루
얼마나 많은 어둠을 먹어야
얼마나 많은 이름을 불러야
만월이 될까
부뚜막에서 달을 굽다가
세척기에다 달을 씻어서
금고 속에다 묻었다
퇴근하는 걸음이
차고도

무겁다

〈금고 속에 반달을 묻었다〉 전문

김천복 시인의 시적 간구는 세상과 흥정하지 않으며 주술의 분수를 안다. 인간적 삶의 완정을 위하여 서정의 무늬와 이성의 물감을 이간질하여 분장시키지 않는다. 다만 몸살 난 삶에 언어의 백신을 주사한다. 그 열꽃은 살 속에서 여무는 아름다운 면역이 된다. 나아가 시인의 금고에는 반달이 해산하는 물심의 산실이 되는 것이다. 그는 자연의 순리에 헛된 욕망을 담보하지 않는다.

다음의 시에서 그 화답을 들을 수 있다.

당신은 철야기도 가고
남자는 사진을 품고 잠을 잤다
뜨거움은 예수가 가져가고
손목이 시리다
빈속에다
찬밥 말아 넣을 때
현관문번호
누르는
소리
할
렐
루
야

〈당신의 사진과 밤을 새웠다〉 전문

그의 시심의 언어는 꿀 바른 가시가 아니다. 불온한

세상에 대한 독침도 아니다. 그의 시적 언어는 아픈 육신을 부축하는 목발이자 구겨진 시간을 태우는 군불이다. 찬밥을 데우는 불쏘시개다. 그의 은유적 발상은 상상을 지나 환상적 시상의 집을 짓는다.

삶의 저울추를 매달아 기도의 종을 당기며 시적 감상의 전시를 확장시킨다. 고단한 삶의 옷자락을 따뜻한 언어로 바느질 하고 있다.

삶의 외벽에 긁힌 미안한 흠집을 본래의 살결로 미장하고 싶은 것이다.

그의 시의 살결을 한 번 불러내 보자.

입술이 고개를 젓는다
자기는 그저 모양만 빌려주었을 뿐이라고
미소를 지은 것은 따로 있다고
때로는
훔쳐다 웃은 날도 있었다
때로는
눈물을 빨아주던 날도 있었다
속은 추해도 겉은 새 옷을 입혔다
속은 젖어도 겉은 말려서 입혔다
웃고
울고
살다보니
껍질은 속을 닮아 갔다

〈껍질은 속을 닮아 갔다〉 전문

김천복 시인은 욕망의 가치를 빵과의 거래를 통하여 정신적 쾌감의 향유로 승화시킨다. 현실적 불만에 대한 실현의 욕구가 아닐까. 한 조각의 빵이 허기진 배를 즐

겁게 할지는 모르지만 기억 속에 부르튼 그림자는 치유하지 못한다. 그의 시적 변모의 과정을 보면 분명 삶의 내력을 기꺼이 암시한다.

그가 집적하는 얼큰하고 다감한 언어는 인간의 닫힌 암울한 숙취를 풀게 한다. 그가 엮는 언어의 뗏목은 사람의 나루터에 짐을 부리게 돕는다.

다음의 시에서 그는 바람과의 몸짓을 어떻게 터득하는지 엿볼 수 있다.

오십년 전
아버지가 사들고 오신 생선이름을 알게 된 것은
그분이 돌아가신 후였다
값싼 고등어 두어 마리로 여덟 식구의 주린 배를
채우시던 家長의 아픔이
오늘은 회초리가 되어 사내의 뒷다리를 내리 친다
아파서 우는 게 아니다
고등어가 그리워서 운다
어머니의 세월이 시려서 운다
그 겨울은 추웠었지만 부정으로 따뜻했다
아직껏
　　고등어가 왔던 길을 모른다
　　고등어가 사는 바다를 모른다
　　고등어가 싼 것은 바다이기 때문이다
　　고등어가 싼 것은 애비이기 때문이다
오늘은
사내가 고등어를 찾아서 시장을 배회하고 있다
　　　　　　　　〈고등어를 찾아서〉 전문

시란 언어를 팔아서 이윤을 남기는 것이 아니라 부러진 가지에 새 움을 틔우는 것이다. 그래 그 줄기가 커

나서 가지를 낳아 숲이 되고 새들의 둥지가 되게 하는 것이다.

그 만의 아틀란티스적 침잠한 사실은 결코 화석이 되지 않는다. 다시 대지의 밑둥에서 영혼의 버섯으로 피어난다. 인간들의 버릇으로 얼룩진 발걸음을 벗어 놓을 때 그는 세간의 유혹에 놀아나지 않는다. 이미 물심의 경지에 닿아있기 때문이다.

그럼 그의 시에게 시인의 이름을 물어보자.

> 안쓰러워서 천 갈이라도 해주고 싶다
> 비단으로 할까
> 가죽으로 할까
> 어릴 적 까까머리 초롱박으로 할까
> 지갑 속에 만 원 권으로 할까
> 외상으로 할까
> 현금으로 낼까
> 가난한 주머니가 미안해서
> 만지작거리다가
> 낡은 이름표를
> 다시 달고
> 출근 한다
>
> 〈이름표가〉 전문

그가 동심하는 언어의 스펙트럼은 무지개의 형용이다. 심상의 표석은 양심에 따라 물감을 들인다. 삶의 아픈 뒤편에 숨겨진 바람의 씨앗에 햇살을 투사한다.

그래서 그의 시는 손으로 빚고 가슴으로 굽는다. 그의 손은 칼이며 그의 가슴은 숯불이다.

그의 가슴에 이력이 선명하다. 김천복 시인이다.

그럼 다음의 시에서 그 맛을 느껴보자.

진서리 염전에 소금꽃이 피는 봄이면
석포리 들판에 갈대꽃이 지던 밤이면
당신의 헛기침이
당신의 헛웃음이
물구나무서기 하는 줄 몰랐습니다
허공에 발을 딛고 살다 가신 줄 몰랐습니다
갯벌에다 피우는
소금꽃이
간이 되는 줄을 몰랐습니다

〈소금꽃〉 전문

김천복 시인은 시와 대화한다.

잠복하던 공명의 그림자를 감성의 시계에 오르게 한다. 선율과 하모니는 사람의 모습을 조명한다. 물감의 앙코르가 되어 율동한다. 그의 시안은 사물을 직선으로 보지 않고 곡선으로 뜸을 들여 익힌다. 언어의 리듬이 다감하고 간이 맞는다.

하얀 '소금꽃'의 시는 삶의 질곡과 통증을 씻어내는 향기의 숨결마저 간간하다. 그의 시심은 언어의 요리이자 시간의 갯벌이 된다. 불온한 세상을 할퀴지 않고 등을 두드린다. 그는 삶의 앙금을 씻김굿의 주문으로 풀어내고 있다.

그러기에 다음의 시에서 안식의 페스티벌을 즐길 수 있다.

아래로
아래로
태생의 속살을 더듬으며 내려갔다
갈림길 사이로 밤꽃향이 진하다
숲이 우거진 둔덕 아래로
옹달샘이 솟고
들춰보니 바다가 보인다
언제나
마르지 않는 고향
밤이면
배를 부르는 항구
고동이
운다

〈남도 기행〉 전문

김천복 시인의 시적 발원은 물과 바람의 갈등이자 물감의 욕구로 춤이 된다.

시에서 발화되는 성적 관능은 물과 불의 동침이다. 그것은 허상이 아닌 실상의 몸짓이다. 그는 삶의 멍에와 굴레를 은유와 상징으로 디자인 한다. 그가 만드는 언어의 겉옷과 속옷은 안과 밖이 아니다. 음지와 양지며 해와 달이다. 인간이 못질하던 공간에서 발을 씻고 천장을 본다. 고단한 삶의 대합실이다.

그래서 그의 시적 가락의 무늬는 아궁이를 지나 구들장 아래로 불길을 낸다. 그의 시적 미학의 정류장은 항시 붐비고 활기차다. 사내의 뿌리가 살 속에 내린다. 땅심이 좋고 물심이 깨끗하여 굵은 힘으로 자라게 한다.

단물이 밴 꽃들이 훨훨 노래를 부른다. 이것이 그의 시의 축제다.

어디 그의 시와 술 한 잔 피워보자.

너를 만나기전엔 술이 쓴 줄만 알았다
너를 만나고서 술이 달콤한 줄 알았다
내 입 속에다
감성을 물려주고 간 후
그냥 흔한 술이 아니란 것을 알았다
안에다
안에다
언어의 알갱이를 새기고 간 날부터
입술은
소리로
노래를
불렀다

〈입술〉 전문

육감적 언사에서 유래하는 술상의 집은 꽃가루와 살로 술을 담근다. 노출된 언어의 발동이 감각적이다. 그의 상상의 문간방에는 꽃물과 달빛이 붉다. 시적 삶의 봄은 창 밖에 있는 게 아니라 장터에 있으며 살 속으로 봄이 여물어 간다. 언어의 장작을 패며 숙성된 삶의 가락은 입술이 되고 아침이 된다.

그 입술은 다음의 시에서 잔치를 베푼다.

조화는 울지 않는다
위선은 젖지 않는다
그날 내 옷은 젖지 않았다
그날 네 꽃도 울지 않았다
꽃잎에다
얼굴 한번 부벼주지 못하고

우산 한 장 씌워주지 못하고
강물에
묻었다

바람이 녹아나고
강물이 불어나

이제야 꽃잎이 운다
이제야 옷이 젖는다
〈이제야 옷이 젖는다〉 전문

김천복 시인은 탐미적 앙상블로 세상의 벌레 먹은 가지를 분지른다. 땡감이 익어가는 감나무 줄기의 지주(支柱)다. 무너진 길에 푯말을 다시 세우며 숨결과 살결을 물감으로 반죽하여 바람의 언어를 빚는다. 마음의 그릇을 닦는다.

그는 깊은 샘에 두레박을 내리어 살냄새 그윽한 밥상을 차린다. 유리병의 향수는 햇살에 토라지지만 사람의 샘물은 달빛과도 영글어 꿀밤을 따게 한다. 그는 껄끄러운 세상과 다투지 않으며 성난 모서리라도 따뜻한 시심으로 보듬어 운다. 그가 간구하는 시도(詩圖)를 구체적인 삶의 표상으로 상징화 시키고 있다. 거리에 비틀거리는 언어를 부축한다. 인간의 미적 방황에도 심각한 질문을 던지고 있다.

그가 갈망하는 시적 미학의 이상은 바람의 섬에 안식이며 참회의 사육제다.

시의 풍경은 동심의 뒷동산이며 갯벌에 발을 심던 구름의 흔적이다. 그 내재된 심상(心想)적 사상(思想)의 멍에는 바람의 악상이자 삶의 담금질인 것이다.

그의 시작(詩作)의 파토스적(Pathos) 탈의 접안은 해학적 은유에 있다. 그 탈의 명제는 형이상학적 미의 세계를 반추(反芻)하는 힘의 원천이 된다.

시인의 마당에 화답(和答)의 봄비가 내린다. 강물이 젖는다.

그렇다. 김천복 시인은 바람을 등에 지고 구름을 미는 바람의 품바다.

바람의 정류장을 지나 사람의 나루터에 짐을 부리는 나룻배 시인이다.

초판인쇄 | 2017년 4월 15일
초판발행 | 2017년 4월 17일

저　　자 | 김천복
펴 낸 곳 | 제3의 문학

주　　소 | 경기도 가평군 상면 축령로70번길 41-6
전　　화 | Seoul Office / (02)2279-3357~8
E-mail | 3munhak@hanmail.net

출판등록 | 2008. 8. 21 제1-2727호

가　　격 | 9,000원

ISBN 978-89-89629-79-9